COSTITUZIONE DI PARTE CIVILE

NEI GIUDIZI DI BANCAROTTA

STUDIO

DELL' AVV. GIUSEPPE PICCOLO

Letto alla Società scientifica *Il Circolo giuridico* nell'adunanza del 20 marzo 1881.

Estratto dal *Circolo giuridico* di Palermo

PALERMO
STABILIMENTO TIPOGRAFICO VIRZÌ

1881

In the interest of creating a more extensive selection of rare historical book reprints, we have chosen to reproduce this title even though it may possibly have occasional imperfections such as missing and blurred pages, missing text, poor pictures, markings, dark backgrounds and other reproduction issues beyond our control. Because this work is culturally important, we have made it available as a part of our commitment to protecting, preserving and promoting the world's literature. Thank you for your understanding.

AL MIO MAESTRO

PROF. LUIGI SAMPOLO

ONORE DELL'ATENEO PALERMITANO

DELLA GIOVENTU' PADRE ED AMICO

QUESTE POVERE PAGINE

IN SEGNO DI GRATITUDINE E D'AFFETTO

OFFRO

DELLA COSTITUZIONE DI PARTE CIVILE

NEI GIUDIZI DI BANCAROTTA

Una interessante quistione si è agitata fin dal principio del secolo in Francia, e ringiovanendo è passata di qua dell'Alpi : è ammissibile nel giudizio penale per bancarotta l'azione civile che contro il fallito vogliano esercitare i creditori ?

Tra coloro poi che sostengono la negativa si è fortemente discusso sugli effetti della illegale ammissione.

L'importanza della controversia è sempre più cresciuta col malaugurato crescere de' fallimenti colposi e dolosi. La dottrina e la giurisprudenza sonosi scisse. Strenui avvocati colla parola e colla penna in contrarie file, or vinti, or vincitori, han combattuto; e principalmente nel nostro foro la lotta è stata vivissima.

Pro veritate ho voluto anch'io studiare il grave tema, ed ecco le mie convinzioni.

I.

« Nei casi di procedimenti o di condanne per bancarotta, *le azioni ci-*
« *vili rimangono separate, salvo ciò che è disposto dall'articolo* 708, e tutte
« le disposizioni relative ai beni stabilite per il fallimento sono eseguite,
« senza che possa conoscerne l'autorità giudiziaria davanti cui si procede
« per bancarotta ».

Così l'art. 713 cod. comm. separa espressamente le azioni civili dal giudizio penale. Ma quali sono queste azioni civili? vi si comprendono quelle per risarcimento di danni dalla bancarotta derivati ai creditori?

Qui il nodo della quistione, il vero contrasto delle opinioni sta qui.

Propugnano per l'affermativa gli illustri Casorati e Borsani (1), il prof. Carrara (2), le Corti d'appello di Milano (3) e di Palermo sezione

---

(1) Codice di procedura penale commentato, vol. I, § 107.
(2) Parte civile nei giudizii di bancarotta *Giornale delle Leggi*, XI, 113.
(3) Causa Morassutti contro Gaffuri 26 novembre 1878, *Lucchini, Rivista penale*, X, 64.

correzionale (1), la Corte d'assise di Lucca (2) e la Cassazione di Palermo (3).

Hanno il contrario stabilito la Corte di appello di Palermo sezione promiscua (4), la Corte d'assise di Messina (5), l'avv. Antonio Marinuzzi (6) e il chiarissimo Luigi Borsari (7).

Torna dunque, non che utile, necessario prendere in esame il trascritto articolo.

II.

Il legislatore ha parlato: il suo concetto bisogna primamente cercare nelle sue stesse parole. L'elemento grammaticale, come l'appella Savigny, è il primo mezzo che l'ermeneutica ci appresta, quel mezzo su cui tanto fonda la mente per eccellenza critica del Laurent.

È pertanto mestieri attribuire alla legge il senso fatto palese dal proprio significato delle parole secondo la loro connessione. L'è questa una disposizione positiva (8) ed una di quelle massime assolute di dritto che Bacone addomandava *leges legum*.

Or se la lettera dell'art. 713 comprende in massa tutte le azioni civili, se dubbio non può cadere che azioni civili siano anche quelle per risarcimento di danni, non si sa vedere perché debbasi far forza alla parola della legge, limitarne il senso, includervi talune azioni civili ed altre escluderne. L'espressione adoperata è generica, complessiva, senza distinzioni; *et ubi lex non distinguit nec nos distinguere debemus*.

Le azioni civili rimangono separate, salvo ciò che è disposto dall'art. 708, ha detto il legislatore. E l'art. 708, riferendosi ai complici ed ai congiunti del fallito, dà obbligo al magistrato penale di ordinare nella sentenza la reintegrazione presso la massa degli oggetti sottratti, e, quel che più preme, il risarcimento de' danni. Però è fior d'evidenza che nella generica

---

(1) Causa Oddo, sentenza inedita.
(2) V. *Giorn. delle Leggi*, XI, 118.
(3) Causa Calafato, 11 settembre 1879.
L'arresto fu emanato sotto la presidenza del compianto Comm. Parisi.
(*Circolo giuridico*, X, dec. pen., pag. 94).
(4) Causa Coci-Plaja, sentenza inedita.
(5) Causa Calafato 28 febbraro 1879, sentenza annullata (V. *Circ. giur.*, X, 64).
(6) Dell'azione civile nei giudizi di bancarotta.
Il libro mi fu gentilmente favorito dall'autore. Scritto con molto acume, è stato dappertutto meritamente apprezzato. Si può non condividerne il pensiero, ed io me ne dilungo pur troppo; ma per fermo non gli si può negare il somme pregio d'aver piantato la sua tesi in un campo scientifico.
(7) Dell'azione penale, capo VI, § XVI, n. 274 e Codice di commercio annotato all'art. 713 num. 1979.
(8) Art. 3 tit. preliminare del cod. civ.

frase *azioni civili* sono assolutamente comprese anche le azioni per risarcimento: e se sta detto che soltanto del risarcimento contro i complici e i congiunti del fallito il giudice penale possa e debba statuire, vuol dire che del ristoro dei danni contro il fallito bancarottiere non debba, nè possa conoscere—*inclusio unjus est exclusio alterjus.*

Ma no, dice un valente scrittore: « bisogna distinguere tutto quello che « riguarda le operazioni del fallimento e le azioni civili che ne nascono, « dall'azione di danno nascente da reato (1) ».

L'egregio autore non ha tenuto presente l'ordine e la connessione delle parole dell'articolo in esame. Se si fosse detto *le disposizioni relative ai beni stabilite per il fallimento e le azioni civili*, avrei potuto, in qualche modo, forse altrimenti pensarla, cioè che il legislatore avesse per avventura inteso separare le operazioni di semplice fallimento e le conseguenziali azioni da tutto ciò che ha rapporto al reato di bancarotta. Ma quando, proprio nei casi di procedimento penale, si parla in testa delle azioni civili in genere e poi delle disposizioni relative al fallimento, quando vi sta scritto che restano separate le azioni civili meno quelle di risarcimento contro i complici e indipendentemente dal giudizio penale si eseguono le operazioni relative al fallimento, ciò suona che vi ha due cose differenti, due diversi concetti che in unica disposizione si congiungono: restano separate le azioni civili tutte, restano in propria sede le operazioni della fallita.

III.

Chiara ed espressa è la legge, e potrebbe dirsi colla romana sapienza: *in claris et expressis non est interpretatio.*

Ma alla sola parola non è dicevol cosa fermarsi: l'opera dell'interprete non è l'opera del grammatico. *Lex duobus constat, verbis et sententia*, insegna Vinnio; ed è dalla concordia di questi due elementi che il testo esce perfetto. Però l'art. 3 preliminare del codice civile, nell'imporre come norma d'interpretazione il significato delle parole, prescrive a un tempo si stia alla intenzione del legislatore. E a mettere in chiaro questa intenzione cade preliminarmente in acconcio quello studio storico e comparato tra le leggi francesi e le nostre, su cui tanto si fondano i contraddittori.

Il progetto preliminare del codice commerciale francese, redatto dalla Commissione del 13 germinale anno IX, attribuiva al giudizio penale di bancarotta, siccome accessorie, tutte le operazioni civili del fallimento.

I reclami sorsero in gran numero

« Senza dubbio — diceva tra tant'altri la Corte di Dijon — il reato di ban« carotta è essenzialmente di giurisdizione dei tribunali criminali, ma le « loro attribuzioni si ristringono alla punizione del delitto, e *tutto quello*

---

(1) Marinuzzi, op. cit., pag. 33 et passim.

« *che ha rapporto agli interessi civili* dei creditori e alla conservazione
« dei loro dritti deve rientrare nella regola generale. » (1)

La censura fu riconosciuta giusta e la stessa Commissione modificò il progetto; ma la logica restò salva.—Si era compreso fin d'allora che alle operazioni del fallimento intimamente collegasi l'azione di risarcimento contro il fallito bancarottiere, e quelle e questa, come pedisseque, al giudizio penale si erano volute cumulare—Ma, bene a ragione prevalso il principio che non si dovessero confondere col criminale gli interessi civili de' creditori, fu mestieri andare sino al fondo; onde tutti i civili interessi, e quindi tutte le azioni civili spettanti ai creditori, furono d'un colpo al giudice della pena ritolti, solo conservandogli la sua propria e naturale attribuzione—il punire. Nacque così l'articolo 600 del codice del 1807, che sancì il principio diametralmente opposto al vecchio progetto. Il progetto aveva giunto al giudizio penale tutto quanto al civile riferivasi: il codice separò invece ogni idea di azioni civili, meno quanto in ordine ai soli complici statuivasi all'art. 598.

Se questo concetto non si fosse voluto scolpire sarebbe stato sufficiente sopprimere l'articolo del progetto, intatte lasciando le regole ordinarie, giusta le quali avrebbe naturalmente il giudice della pena conosciuto del reato e in linea accessoria dei danni, e le operazioni della fallita avrebbero seguito presso il Tribunale di commercio il proprio corso. Ma il legislatore riconobbe necessaria per la speciale condizione delle cose una eccezione alle norme comuni, e la dettò nell'art. 600.

L'art. 600 non era dunque un vano pleonasmo, sibbene una norma peculiare ai giudizi di bancarotta.

La parola della legge rifletteva chiaro il pensiero, e fu chi bene l'intese.

Boulay-Paty, facendo sue le anzi riportate parole della Corte di Dijon, e forte d'una decisione della Corte di Rennes, formalmente stabiliva ai tribunali criminali non competere le possibili contestazioni tra fallito e creditori. « Il solo oggetto—egli aggiungeva—sul quale i tribunali crimi-
« nali possono al di là della pena statuire, è, in caso di complicità, la
« restituzione alla massa degli oggetti sottratti e i danni-interessi. Ma
« aggiudicati i danni, la distribuzione tra i creditori rientra nei poteri dei
« tribunali civili. » (2)

E più esplicito Carnot: « L'azione civile può essere esercitata nel tempo
« stesso e avanti gli stessi giudici che l'azione pubblica (art. 3 cod. instr.
« crim.)

---

(1) V. Bravard—Veyriéres—Traité de droit commercial—Tome VI pag. 146.
(2) Traité des faillites, et des banqueroutes — vol. II, num. 537-539.
È incompleta la citazione che ne fa il Marinuzzi a carte 40.

« Questo articolo . . . . riceve una prima eccezione tratta dall'art. 600
« del Codice di Commercio.

« Le disposizioni dell'art. 600 formano una legge speciale, che non è
« stata punto derogata dall'art. 3 del codice di istruzione criminale; essa
« deve tuttavia eseguirsi. » (1)

Nè mancano giudicati della Cassazione che espressamente al Tribunale
di commercio l'azione pe' danni attribuivano. (2)

Ma che non puote una falsa interpretazione che riesca a insinuarsi nella
giurisprudenza? — Per interpretationes — esclamava Giustiniano — immo magis perversiones jus conturbatur! Prevalse nel foro una infondata distinzione tra la bancarotta semplice e la dolosa, ammettendo per l'una l'esercizio dell'azione civile in sede penale e per l'altra escludendola. (3)

E fu un terzo sistema che riconosceva nel creditore il dritto a sempre
costituirsi parte civile pei soli uffici penali, ma a pronunziare sui danni interessi riteneva il giudice criminale incompetente — Parmi questa, checchè altri ne dica, la teorica del Mangin (4); ch'ebbe il suo eco nella giuris-

---

(1) De l'instr. crim. — Tome I, all'art. 3 n. 1 e 2.
(2) 13 ottobre 1826 in fine — Journ. du Pal. 1826 pag. 882.
(3) Vedi ampiamente in Casorati e Borsani — l. c.
(4) Non credo esatto il concetto che della dottrina del Mangin si sono formati Casorati e Borsani (op. cit., pag. 122), e meno ancora quello del Marinuzzi che sa del contradditorio.

« Egli (*Mangin*) ritenne ammissibile la parte civile, *non perchè l'esercizio di tale*
« *diritto non fosse fuorcluso dall'art*. 600, ma bensì perchè, essendo riconosciuto nel
« giudizio di bancarotta semplice, non era logico e giusto che venisse negato in
« quello ben più grave di bancarotta fraudolenta (Marinuzzi, op. cit., pag. 26).

Così Mangin verrebbe dicendo: la legge è, ma deve restar lettera morta.

Piacemi compendiare colle sue stesse parole il discorso del giurista francese:

« Che in materia di bancarotta semplice un creditore abbia il diritto di separarsi
dalla massa, costituirsi parte querelante e civile e perseguitare il fallito non è
dubbio . . . . . .

« Ma un creditore ha il dritto di ciò fare nel procedimento per bancarotta
fraudolenta diretta contro il fallito dal Pubblico Ministero? La Corte di Cassazione
ha giudicato che nol possa. . . . . . .

« Dubito assai che questo arresto sia conforme alla legge. È vero che a prima
vista non si comprende facilmente una azione civile in una materia, ove nulla può
domandarsi per sè personalmente, ove *non può chiedersi alcuna riparazione civile
contro l'accusato*; è ciò che risulta dall'art. 600 del cod. di comm: ma l'argomento
fondato sopra questo articolo prova nulla.

« In effetti non è soltanto in materia di bancarotta fraudolenta che *le azioni civili, eccetto quelle dirette contro i complici, debbono restare separate* dall'azione
pubblica; è così anche in materia di bancarotta semplice: e se, *malgrado questa
separazione un creditore può costituirsi parte civile e perseguitare il fallito* in bancarotta semplice, *o riunirsi al Pubblico Ministero, che perseguita d'ufficio*, è evidente
che anche nella bancarotta dolosa può costituirsi parte civile. . . . .

prudenza (1), e che solo colle leggi in Francia imperanti era ed è possibile, siccome dirò appresso.

Venne la legge del 28 maggio 1838 (2), ed elargò l'art. 598 (oramai divenuto 595) estendendo la stessa disposizione ai congiunti del fallito che si fossero resi rei di furto; ma negli identici termini riprodusse nel 601 l'art. 600 del vecchio codice. Bensì migliorò le disposizioni relative alla azione penale e alle spese del procedimento. E qui furono poste, in caso d'assolutoria, a carico della massa le spese della procedura per bancarotta semplice promossa dai sindaci, ma a costoro fu vietato intentare tale azione e costituirsi parte civile senza l'autorizzazione della maggioranza de' creditori. Nella bancarotta fraudolenta le spese non dovevano andar mai a carico della massa, ma se uno o più creditori si fossero resi parte civile nel loro nome personale, restavano le spese, in caso d'assoluzione, loro addossate.

Così la legge del 1838, e non potè cadere dubbio che la parte civile si dovesse ammettere. Eppure restava in termini troppo patenti l'articolo 601 che segnava la separazione delle azioni civili!

Nel contrasto di tali disposizioni risorse e trionfò la teorica già col vecchio codice dal Mangin sostenuta: si limitarono i diritti della parte civile a tutto ciò che all'azione penale riferivasi e alle domande pei danni contro tutt'altri che il fallito. La vera e propria azione civile contro il fallito veniva per tal guisa sottratta alla competenza del giudice penale e attribuita al tribunale di commercio. Così la Corte Reale di Parigi, correggendo una decisione del tribunale, proclamava l'incompetenza del giudice criminale a pronunziare sui danni (3); e la Cassazione cancellava una sentenza della Corte di Bordeaux. « L'art. 588—sono le parole dello arresto— riconosce espressamente ai creditori del fallito il diritto di perseguitare il bancarottiere dinanzi la giustizia repressiva; ma l'effetto di questa azione è limitata dallo art. 600-601 e non può conferire al tribunale la potestà di attribuire a questi creditori diritti diversi e più forti che non agli altri. Ciò importerebbe violare il principio dell'eguaglianza che tra loro deve regnare, e strappare al fallito il beneficio di liberarsi alla mercé dei dividendi che la massa dei suoi beni può loro procurare.» (4)

« Il sistema che la Cassazione ha seguito cade necessariamente davanti quest'ultima riflessione: perchè nella bancarotta semplice *un creditore va ammesso a perseguitare il fallito, benchè non possa far domanda alcuna di riparazioni civili?* ...
(Mangin, Traité de l'action publique et de l'action civile—pag. 104 e seg. n. 126.)
Pertanto l'antico magistrato ammetteva la parte privata nel giudizio per fallimento doloso al pari che nella bancarotta semplice; ma l'ammetteva per la persecuzione del reato, non già pel risarcimento de' danni.

(1) Cour. Royale de Paris—2 sept. 1833—Journal du Pal. 1833 pag. 871.
(2) Legge sui fallimenti e sulle bancherotte sanzionata a 28 maggio e promulgata a 8 giugno 1838.
(3) 20 janv. 1844—Journ. du Pal. 1844, tom. 2, pag. 139.
(4) 7 nov. 1840. Journ. du Pal. 1841, tom. 2, pag. 393.

Il Bravard-Veyrières latissimamente intende le disposizioni dell'articolo 595 (598 codice del 1807), ma la condanna al ristoro dei danni contro il fallito riserva espressamente. E domandasi poi: se il creditore è parte civile, possono attribuirglisi i danni interessi? e lodando la risposta negativa della Cassazione, addita nel tribunale di commercio la sede a ciò competente (1).

Chiarissimo è poi il Sourdat (2), nè dissimile il Renouard (3), e conforme il Lainné (4), e nei medesimi sensi a nome della giurisprudenza e della dottrina ha pronunziato l'ultima parola il Laroque-Sayssinel (5).

Questo sistema, generalmente seguito, era l'unico che togliesse nella nuova legge l'apparente antinomia e spiegasse la coesistenza degli articoli 589, 592 e 601. Ma un tal criterio doveva nella legislazione italiana venire essenzialmente modificato; e bene lo modificò il Codice Albertino del 1842, che nell'accogliere la legge francese del 1838 la migliorò di molto (6). E sulle sue orme il legislatore del 1865, fermo da un lato al principio del distacco assoluto tra l'azione penale e la civile, fermo tenne d'altra parte a non cumulare l'azione pei danni contro il fallito col giudizio penale per bancarotta. Il perchè riprodusse intatto l'articolo 601 della legge francese, ma non così gli art. 589 e 592 che alla costituzione di parte civile si riferivano. Fu pertanto nell'uno articolo soppressa la frase « se porter partie civile » e dove nell'altro parlavasi di *parte civile* vi si sostituì « querela » (7). E non fu questa una vaga e insignificante modificazione di parole: fu una essenziale riforma all'ibridismo della legge d'oltr'Alpi.

Ma i progressi della legislazione italiana non sono compiuti: la riforma al codice di commercio ansiosamente si attende. Gli aberranti articoli 702 e 705, che portano la condanna del querelante alle spese in un reato di azione pubblica, avranno il bando (8). Gli art. 708, 711 ed altri contenenti disposizioni sulle quistioni di diritto civile che possano per avventura essere decise dall'autorità giudiziaria penale, saranno fusi in unico dettato più chiaro e più preciso, che designerà i singoli casi e le singole azioni per cui ciò sarà possibile. Dirà questo articolo che solo in ordine alle persone diverse dal fallito la sentenza penale di condanna, non mai più

---

(1) Op. e tom. cit. pag. 149.
(2) Traité general de la responsabilité, vol. I, num. 220.
(3) Traité des faillites et des banqueroutes, num. 812 e 882.
(4) Comment sur la loi du 28 mai 1838, pag. 623.
(5) Formulaire general des faillites et banqueroutes, ou resumé pratique de legislation, de jurisprudence et de doctrine, Paris, 1877. tom. II, num. 2004.
(6) Consulta la relazione a S. M. del ministro guardasigilli sul cod. di comm. ital. del 1865.
(7) Art. 583 e 584 codice commerciale sardo, 702 e 705 codice italiano.
(8) V. atti della commissione per le modificazioni al codice di commercio. Verbale XXV, num. 104 e CXXXI, num. 769.

quella di assoluzione, debba ordinare le analoghe reintegrazioni, restitutuzioni, *risarcimento di danni* e nullità di particolari dolose convenzioni. E sarà aggiunto che se tali questioni non vengono proposte nel giudizio penale, stia per esse la competenza del tribunale di commercio (1). E fuori di questi casi speciali, e sempre rispetto al fallito, la più completa indipendenza esisterà nei rapporti tra gli interessi privati dei creditori e l'interesse sociale della pena (2).

IV.

Una singola disposizione di legge non sta mai sola, e gli antichi maestri che tutto seppero insegnavano: *incivile est, nisi tota lege perspecta, una aliqua particula ejus proposita, judicare vel respondere* (3).

All'elemento sintetico dell'ermeneutica riattaccasi anzitutto l'esame del posto che tiene l'articolo 713 nell'economia della legge—argomento questo che il Marinuzzi abilmente maneggia.

L'art. 713 è collocato sotto il titolo *dell'amministrazione dei beni in caso di bancarotta*. Ma che perciò? A tale esame per verità non bisognerebbe attribuire soverchio peso: sappiamo tutti che a sito improprio si incontrano sovente disposizioni importanti. Pur così non è nella specie.

Il legislatore ha dovuto per amor di brevità cumulare in una due disposizioni diverse; e poiché la più importante era quella relativa alle operazioni del fallimento, ivi star doveva anche l'altra disposizione, quando pure eterogenea si fosse. Ma estranea ai beni del fallito è altronde l'azione in risarcimento? Per fermo no: essa si riferisce e si risolve precisamente sui beni, non sulla persona del fallito: sulla persona cade la sola pena. L'azione civile quindi là trova il suo natural posto dove appunto dei beni si parla. Non ha dunque valore l'argomento che per la contraria tesi si vorrebbe cavare dalla topografia dell'art. 713.

Nè maggiore importanza deve darsi agli art. 702 comma 1° e 705 capoverso, coi quali—dico recisamente—l'articolo 713 non ha rapporto. Quelli invero si riferiscono all'azione penale e l'articolo 713 agli interessi civili: sono due cose distinte e separate.

Se non che il Borsari fondando su questi articoli ha posto una distinzione, che in mia mente non cape. Secondo lui nella bancarotta colposa tanto i creditori che i sindaci hanno facoltà di esercitare l'azione civile, i soli creditori nella fraudolenta (4).

È stata addimostrata dai profondi pensatori (5) come egli confonda la

---

(1—2) V. Atti della Commissione predetta: verbale CLXII, num. 953 e gli articoli 936 progetto preliminare e 852 progetto ministeriale Mancini.

(3) L. 24, D. de leg.

(4) Dell'azione penale l. c.

(5) Casorati e Borsani, op. cit. 1, § 107, pag. 121.

azione civile colla penale arguendo dalla condanna alle spese per una procedura penale temerariamente promossa al diritto di ripetere in sede criminale il risarcimento dei danni. Ma quel che fa più maraviglia è che il Borsari qui venga alle sue distinzioni cogli articoli 702 e 705, quando per converso in altra opera (1), commentando l'articolo 713, senza cennare al 702 e al 705, non fa distinzioni di sorta. « Come si può, egli esclama, « togliere al magistrato penale un attributo che in modo espresso gli è « dato dalla legge? » E aggiunge per tutta dimostrazione: « Abbiamo « letterale l'articolo 708 espressamente riservato nell' articolo 713.»

L'insigne giureconsulto ha però dimenticato che l'articolo 708 si riferisce a tutt'altre persone e a beni tutt'altri che i beni e la persona del fallito!

Nè posso seguire il Marinuzzi nell'argomentare il diritto a costituirsi parte civile dal capoverso dell'articolo 702.

Autorizzare a dar querela per lui significa autorizzare a costituirsi parte civile; la querela implicherebbe la costituzione di parte civile: sì che il nostro legislatore, quando soppresse *costituirsi parte civile*, quando vi sostituì *querelarsi*, soppresse parole, cangiò parole, non riformò concetti.

Marinuzzi non è nel vero. Tra querelante e parte civile ci corre, e non tutti i capaci a far querela sono per ciò capaci ad agire da sè soli per il risarcimento dei danni. Può il marito dar querela per la moglie (articolo 105 p. p.); ma non in sua vece costituirsi parte civile (2). Possono il minore, l'inabilitato, l'interdetto proporre querela contro lo stesso tutore, contro il curatore e contro chiunque senza formalità di sorta; ma per costituirsi parte civile hanno mestieri dell'autorizzazione nelle forme civili (3) (art. 109 capov. proc. pen.).

Ed è ben giusto. La querela è un semplice mezzo per muovere l'azione penale, è una pura e semplice denunzia data da una persona che si creda lesa dal reato. La parte civile all'invece è parte in giudizio, e parte attrice, e dev'essere rappresentata, assistita, autorizzata secondo le leggi che regolano lo stato e la capacità (art. 36 pr. civ.).

Il codice di istruzione criminale francese, in un medesimo articolo cumulando il diritto di querelarsi e di costituirsi parte civile, questa distinzione espressamente non segna; ma unanimi l'han posto per la forza del dritto la dottrina e la giurisprudenza (4).

(1) Codice di commercio annotato l. c.
(2) Casorati e Borsani, op. cit. vol. 1, § 95.
(3) Giusta l'articolo 36 della procedura penale del 1819 anche la moglie avea bisogno dell'autorizzazione maritale, non però col nostro codice (arg. art. 134 codice civile).
Lo stesso crede per l'inabilitato il Madia (Istituz. di pr. pen. vol. 1, § 179), ma parmi che egli fraintenda l'art. 339 cod. civ.
Non si comprende poi la teorica del Saluto (vol. II, n. 580) che crede necessaria l'autorizzazione per la donna maritata, e non pel minore emancipato.
Vedi pure Mel—Il codice di procedura penale illustrato—all'art. 105, pag. 81.
(4) V. Sulpicy, Les codes francais annotès, cod. d'instr. crim. all'art. 63, § 2 e 3, e le sentenze e gli scrittori ivi citati.

V' ha dunque maggior rigore alla costituzione di parte civile che alla querela; epperò mal può dirsi compreso nella facoltà di querelare il diritto di costituirsi parte civile.

E in fine, vale il ripeterlo, non è sano criterio argomentare dall'azione penale alla civile, dalla querela al risarcimento.

L'articolo 702, esclusivamente riferendosi all' azione punitiva, dispone delle spese di tutto e solo il procedimento penale. È l'articolo 713 che degli interessi civili di fronte al reato di bancarotta si occupa, e l'articolo 713 all'azion civile provvede.

Reputo più logico il sistema di coloro che senza fare eccezioni e senza distinguere tra la bancarotta e qualunque altro reato, ammettono che i sindaci, i singoli creditori e ogni offeso o danneggiato possa costituirsi parte civile colle sole norme e formalità ordinarie ai sensi degli articoli 4 e 109 pr. pen. A costoro non può farsi rimprovero di falso criterio o di confusione, e questo soltanto può dirsi che l'articolo 4 pr. pen. fa espressamente salvi i contrari casi preveduti dalle leggi, e uno di questi è quello dell'articolo 713 cod. di comm.

L' articolo 713 sta nella legge al sito che più gli è proprio, staccato e indipendente da ogni altra eterogenea disposizione, bensì collegato allo articolo 708 (1), che, siccome altrove fu detto, ne spiega all'evidenza la portata, e all'articolo 4 pr. pen., al quale fa eccezione.

V.

Nemo debet esse lege sapientior, insegnava il filosofo di Stagira, e Giustiniano nelle sue leggi scriveva: *non omnibus, quae a majoribus constituta sunt, ratio reddi potest* (2).

Eppure ripugna alla natura razionale dell'uomo il dommatismo, nè il leguleo farà mai opera da giureconsulto. La filosofia, la logica della legge sarà sempre la miglior guida di buon interprete. E perciò di tutta importanza, dietro l'esame del testo, ricercarne la *ratio juris*.

Ma bisogna su tal terreno saperci bene intendere.

Si è fatto rimprovero ai sostenitori della mia tesi pretendendo consegua dai loro criteri che la bancarotta escluda per sua natura ogni azione di risarcimento. Stranezza tale non può logicamente nemmeno sospettarsi (3).

---

(1) Fuori delle eccezioni poste dall'art. 595 (708 *ital.*)—ripete col Lainnè il Sulpicy—l'art. 601 (713 *ital.*) non ne riceve alcun' altra: non vi ha ragione di analogia da far valere per istaccarsi dal testo preciso di tale articolo (Sulpicy, op. cit., cod. di comm., art. 601, n. 1, pag. 199—Lainnè. op. cit. pag. 638).

(2) L. 20 et 21 D. de leg.

(3) Bedarride (Traité des faillites et banqueroutes) ha detto che nè il tribunale criminale nè quello di commercio possano pronunziare sui danni. Ma all' ultima conseguenza ei giunge per alieni criteri. Nella prima parte commenta bene l'articolo 601 : « La parte civile non può ottenere alcuna allogazione di danni-interessi. Queste allogazioni interessano essenzialmente i beni e per lor natura gravano l'at-

Se si dice che l'esercizio dell'azione civile va separato dal giudizio penale, con ciò stesso si è ammessa l'azione, solo in altra sede esperibile. Non questionasi affatto del dritto, bensì e soltanto della sede ove esperimentar si debba.

L'azione civile là deve esperimentarsi dove tutti i dritti dei creditori si esercitano, al tribunale di commercio.

Non è già che questo magistrato debba dichiarare colposa o dolosa la bancarotta: il giudice civile non caratterizza il reato. Tanto meno sarà la bancarotta un atto commerciale. Non è vera e propria giurisdizione commerciale ai sensi dell'articolo 723 cod. comm. L'azione civile contro il reo fonda sempre sull'art. 1151 cod. civ., è sempre un fatto dannoso che obbliga al risarcimento, e il giudizio spetterebbe a rigore al foro civile, accessoriamente al penale. Ma nei casi di fallimento e bancarotta a un tempo si è in una posizione eccezionalissima, ed è giocoforza derogare alle norme ordinarie.

L'azione civile in questi casi va al tribunale di commercio, perchè essenzialmente connessa alle operazioni della fallita, e dove queste si svolgono anche quella deve far capo.

Ecco il mio concetto, concetto semplicissimo che, a mio debole avviso, comprende in una sintesi le svariate ragioni che sotto tutti i rapporti giustificano il principio.

Sotto qualunque aspetto tu studi la natura eccezionale dell'azione civile in discorso, la troverai sempre connessa alle altre azioni del fallimento, vuoi per il soggetto che deve esercitarla, vuoi per il fondamento su cui posa, vuoi per lo scopo che si propone, vuoi per l'oggetto su cui cade. E per il soggetto, l'oggetto, il fondamento e lo scopo è di conseguenza questa azione inesperibile in sede penale.

Chi l'eserciterebbe? I singoli creditori ed i sindaci, mi si risponde; ed io dico: *nè i sindaci nè i creditori*.

I sindaci, nominati nell'interesse sociale dal magistrato, hanno la sacra missione di garentire gl'interessi civili tanto dei creditori che del fallito, di questo e di quelli essendo nel tempo stesso rappresentanti (1). Essi si sostituiscono al fallito e pigliano l'amministrazione di tutti i di lui

---

tivo; e poichè la disposizione e amministrazione dei beni appartengono alla giurisdizione commerciale, tutt'altra che questa non potrebbe statuirne » (num. 1303).

Dunque al tribunale di commercio: è la logica conseguenza dell'anzi esposto. No, aggiunge il francese giureconsulto; e mette avanti altre considerazioni (num. 1304). Sotto questo ultimo aspetto egli ha meritato l'amaro rimprovero che gli indirizza il Borsari (cod. di comm. annotato loc. cit.).

(1) Pardessus, cours de droit comm. num. 1175 (num. 1160 traduzione palermitana del 1858).—Rivière, Ripetizioni sul cod. di comm. op. cit., pag. 578-579.

beni; i quali restano presso loro come pegno e garenzia ai diritti, che i creditori nel particolare loro interesse faranno valere appunto di fronte ai sindaci. Un'azione dei sindaci che esorbiti dalla naturale loro missione, che esca dalla sede lor propria, che perseguiti a favore dei creditori contro il fallito quel patrimonio che tengono in atto essi stessi, non riesce a comprendersi.

Peggio è pel singolo creditore: egli manca di azione esperibile.

« Avvenuta la dichiarazione del fallimento d'un negoziante, dice il som-
« mo penalista italiano (1), non vi sono più creditori forniti di un'azione
« che da loro si possa maneggiare contro il debitore. Il solo creditore è
« la massa rappresentata dal sindaco. »

E Casorati e Borsani: « Non sappiamo invero persuaderci come in pen-
« denza della liquidazione del fallimento possano i creditori proporre
« un'azione contro il fallito. Se dal fallimento ha origine una riunione
« forzata di creditori colla necessità di una sola amministrazione, se quin-
« di al fallito è sostituita la massa rappresentata dai sindaci, e se tutti
« i diritti dei creditori vengono proposti, ventilati ed anche transatti
« in contradittorio dagli stessi sindaci, se finalmente i creditori non ri-
« prendono l'esercizio delle loro azioni fuorchè nei casi in cui è com-
« piuta la liquidazione o vi è cessazione nelle operazioni del fallimento,
« quale scopo può mai avere nei rapporti economici l'azione civile nel
« giudizio penale? (2) »

Alle ragioni dei tre sommi maestri non oso aggiunger verbo. Guardo il quesito sott'altro aspetto.

Il creditore che vuol costituirsi parte civile agirà egli nell'interesse comune della massa o nell'interesse suo individuale? La prima ipotesi ripugna alla scienza e al buon senso. Al singolo creditore in tal guisa *libito si fa licito in sua legge:* l'arbitrio, il capriccio d'un solo legherebbe l'universalità dei creditori, e anzichè la maggioranza sulla minoranza, la vincerebbe uno su tutti.

E in questa stessa ipotesi le spese del giudizio e le spettanze dei difensori di parte civile andrebbero a carico personale del creditore agente o della massa? Se a carico della massa, avremo spese e creditori nuovi, che non hanno figurato nella liquidazione del passivo, e questo aumenterebbe a scapito degli altri creditori, i quali all'azione civile non prendono parte (3). Il creditore fa le spese del proprio e del proprio soddisfa i difensori? E allora egli sostiene le spese e la massa gode i vantaggi, in onta all'antico apotegma *ubi emolumentum ibi onus.*

E se infine lo si volesse in causa nel suo esclusivo interesse, gli si da-

---

(1) Carrara, loc. cit.
(2) Op. cit. l. c.
(3) Carrara, l. c.

rebbe l'agio di ottenere un altro dritto, un ultroneo titolo riconosciuto legittimo da un magistrato, che dovrebbe naturalmente valere nel giudizio universale del concorso, sì che verrebbe quel creditore a migliorare di fronte ai compagni la propria posizione. Or ciò sarebbe fuori e contro legge: la legge vuol mantenere ai creditori la più perfetta eguaglianza nel giudizio di distribuzione (1).

Questo principio, primo cardine e fine ultimo di tutte le operazioni della fallita, non ha mestieri di dimostrazione. Nè vale la pena di spiegare che parlasi d'eguaglianza d'azioni, non di cifre—proporzionale, non arimmetica; e appunto questa proporzione e questa parità di azioni verrebbero alterate.

E su che fonda la riparazione dei danni che i sindaci e i creditori chiederebbero al giudice della pena? Certo sulla esistenza dei crediti: se crediti non v'ha, non v'ha interessi lesi, non v'ha azione. Però se il magistrato penale deve conoscere dell'azione civile, dovrà giudicare, di sicuro, dell'esistenza dei crediti su cui quella fonda e senza cui non sussiste.

Or questa non è certamente sua competenza. La liquidazione dei crediti è stata ad altro foro attribuita: è a ciò il giudizio universale del concorso innanzi al Tribunale di commercio. Vuolsi a forza attribuire questa competenza al Tribunale criminale? Ma allora dell'identico giudizio conosceranno due diverse magistrature, e la contraddizione dei giudicati potrà facilmente seguire (2).

E arrogi a questo che con tal sistema, se un creditore staccandosi dal foro commerciale vorrà scegliere la sede penale, avrà diritto e potrà un altro adire di preferenza il tribunale civile propriamente detto; e chi per uno, chi per un altro e chi per tutti i creditori, giudicheranno dei loro crediti tre diverse autorità giudiziarie.

Una parola basta sullo scopo.

Lo scopo dell'azione civile è quello di prendere sui beni del fallito un risarcimento de' danni per opera sua sofferti. Ma in sede penale non è se non la nuda persona fisica del fallito oberato, che dolente attende la punizione del suo fallo: che si vorrebbe su di lui conseguire? Bisogna che il creditore vada altrove: è altrove il patrimonio sul quale, se non in tutto, potrebbe almeno in parte realizzare il risarcimento che gli spetta.

Ed è evidente per ultimo che l'azione civile appo la sede repressiva

---

(1) Cass. fr. 7 nov. 1840.—Bedarride—Corte d'appello Milano e Carrara ai luoghi citati.

(2) Carrara l. c.

mancherebbe d'oggetto. L'azione di danno non cade come la pena sulla persona del reo, bensì sui beni. Or nei reati ordinari quando l'accusato presentasi al giudice, tiene ancora il suo patrimonio, ne ha l'amministrazione e ne dispone, e si comprende una azione civile contro il reo che per economia di giudizî si faccia accessoria alla penale. Ma quando il fallito è spogliato de' suoi beni, che vanno sequestrati e altrui affidati siccome pegno ai diritti dei creditori, e tali diritti in altra sede si svolgono, va da sè che manca l'oggetto a qualunque azione civile innanzi al foro penale, e qui non resta che tutta e sola la giurisdizione propria del giudice della pena, la pena.

Se non che è stato detto che *l'azione civile non si dirigge nè ai beni nè alla persona del fallito, ma mira a costituire un titolo che vale anche contro colui che in atto non possiede beni e contro i suoi eredi.* (1)

Se mal non ho compreso, il concetto è questo: coll'azione civile in sede penale otterrò un titolo che resterà inane rispetto ai beni presenti, ma potrà valere appresso e contro il debitore oggi insolvibile e contro i suoi eredi.

A questa teorica non mi soscrivo. Io dovrei lottare per ottenere un titolo *in fieri*, un titolo in atto vano, quando invece presso il tribunale di commercio potrei ottenere il titolo vero, che valga oggi sulla massa della fallita e valga sempre, per quanto rimanga insoddisfatto, in avvenire.

Spiegare la stessa azione in doppia sede, e in penale e in commerciale, è impossibile *per la contraddizion che nol consente*; ed io dovrei con grave dispendio lottare per un che d'ideale, quando gli altri creditori svolgono liberamente la loro azione presso il tribunale di commercio e conseguono a scapito mio sulla massa de' beni del fallito, in tutto o in parte almeno, il debito risarcimento (2).

L'objezione parte da una mente acuta; ma le menti acute cadono bene spesso in vere e proprie astruserie!

Concretamente non è il dritto astratto, non è l'inutile titolo *in fieri* lo scopo e l'obbjetto che cotanto brama chi la pretende a parte civile.

L'opera di costui—l'esperienza maestra della vita l'insegna—non è una *lotta del diritto per il diritto*, chè allora più convenevole sarebbe la sede commerciale: è tutto uno sfogo di privata vendetta: è il Shylok, l'ebreo severo del dramma del Shaspeare (3), che al debitore insolvibile intende strappare per la inadempienza il cuore. (4)

---

(1) Marinuzzi, op. cit. pag. 31 e seg.
(2) Altronde osterebbe sempre la mancanza di azione esperibile dal singolo creditore, di che anzi è parola.
(3) Il Mercante di Venezia.
(4) . . . Se ad altro non giovasse, gioverebbe a saziare la mia vendetta. . . . .
. . . . Vuò mi dia il cuore!—Atto III—scena 2.

Il bancarottiere è già spossessato di tutti i suoi beni e al giudizio penale sol tiene la sua fisica persona. Eppure il creditore fa le spese, paga gli avvocati, chiede un risarcimento che sa di non potere in atto conseguire, pur che assuma la veste di parte civile. E sì, perchè con quella apparenza, sotto la penombra de' danni inconseguibili, intende a vedere l'avversario più sicuramente, più severamente punito.

Non dico io già che sia questo, *quando trattasi di reati,* un sentimento malvagio; e riconosco ch'esso posa sulla natura dell'uomo, e posa su di esso il problema legislativo per l'istituzione d'una accusa privata, a fianco della pubblica, nei giudizi penali. Ma per le imperanti nostre leggi la parte civile non è l'accusa, e per l'accusa non può ammettersi: sarà meglio dimostro a suo luogo.

VI.

Il Marinuzzi termina il suo bel lavoro ricordando l'articolo 4 preliminare del codice civile, che le leggi penali e quelle che restringono il libero esercizio de' dritti e formano eccezioni alle regole generali, sono di stretta interpretazione. E appunto in base a questo articolo io dico: una eccezione allo articolo 4 proc. pen. è nella lettera e nel pensiero dello art. 713 cod. comm. e non la si può mettere al nulla, ma deve ristrettivamente interpretarsi. Quando la natura delle cose il comporta, quando la eccezione non ha più ragion d'essere, l'eccezione cede alla regola. La ragione della legge, già fu detto, è l'inseparabilità dell'azione d'indennizzo contro il fallito da tutte le altre azioni civili del fallimento. Ove questa ragione di necessaria connessione non sia, cessa ogni ostacolo al libero esercizio dell'azione civile nella sede penale: *cessante ratione legis cessat ejus dispositio*

Pertanto non potrà mettersi in forse che lecita sia la costituzione di parte civile contro i complici e i congiunti del fallito. Lo stesso art. 713 fa salvo il disposto dell'art. 708, e questo al foro criminale commette i provvedimenti civili, tra i quali espressamente è la pronunzia de' danni contro detti terzi interessati nella bancarotta.

Ed è ben naturale. Il fatto di costoro non entra per nulla nelle operazioni del fallimento: i loro beni in lor potere rimangono, non si confondono colla fallita, ed a' danni prodotti van tenuti colle proprie sostanze; onde l'art. 713 non fa pel caso.

Et ubi eadem ratio, ibi eadem legis dispositio. Per identità di ragione la Cassazione di Torino ha stabilito che possano i sindaci costituirsi parte civile contro gli amministratori d'una società anonima fallita (1).

Si comprende di leggieri che le operazioni del fallimento si riferiscono

---

(1) 26 aprile 1876. *Giurispr. Ital.* 1876. *I,* 1 471.

alla persona giuridica ed ai beni della società. Gli amministratori, che per propria colpa o dolo la trascinarono al fallimento, nocquero ai creditori, e del fatto proprio coi propri beni rispondono.

Fo quindi plauso anch'io alla Suprema Corte Piemontese, e cogli annotatori del giornale *La giurisprudenza italiana* (1) ripeto: « quanto alla in
« dipendenza del giudizio penale di bancarotta da quello civile pe' danni
« non sembra necessario insistere: la Corte Suprema però ha saputo con
« molta cura eliminare le confusioni, che tratto tratto le apprestano i ri-
« corsi non senza qualche apparenza ingannatrice (2).

L'art. 713 suppone esistere un procedimento civile per fallimento, e contrapponendolo al giudizio penale per bancarotta, stabilisce il loro assoluto distacco, attribuendo il solo penale al penale e al civile tutto il civile. Ma quando, compiuta la liquidazione dell'attivo, le operazioni del fallimento sonosi chiuse, non può più parlarsi di azioni connesse; quindi la disposizione dell'art. 713 vien meno dalle fondamenta restando anche in potenza inapplicabile, sì che può accogliersi nel giudizio penale la parte civile (3).

Si objetta che una sentenza per danni posteriore alla liquidazione riproduca la ineguaglianza tra i creditori (4). Ma il principio dell'eguaglianza è senza dubbio relativo al solo giudizio di distribuzione sulla massa dei beni della fallita: compiuta la distribuzione, conserva ogni creditore gli ulteriori suoi diritti, che potrà sempre far valere.

Parimenti, quando cessano le operazioni del fallimento per insufficienza d'attivo, i creditori vengono *de jure* restituiti nell'esercizio dei loro dritti sui beni e contro la persona del fallito, e possono quindi indossare la veste di parte civile.

E qui si oppone (5) che la deficienza d'attivo è qualcosa di contingente (*ed è vero*), e che l'azione di danno non attacca direttamente nè i beni nè la persona del fallito (*e non è vero*). Ma che vuolsi con ciò? Qualunque sia la natura dell'azione e la contingenza del manco d'attivo, vi sono più al Tribunale di commercio operazioni di fallimento? no. Vi ponno essere connessioni o inviluppi con ciò che più non esiste? nemmeno. Può l'azione di danno aver luogo da sola al Tribunale di commercio? nep-

---

(1) Anno 1876, I, 1. 471.
(2) Applicasi lo stesso principio ai casi analoghi.
(3) « A meno che non sia intervenuto concordato, perchè allora vi osta la forza della transazione »—Casorati e Borsani, l. c. in fin.
(4 5) Marinuzzi op. cit. pag. 30 e seg.

pure. Dunque deve spiegarsi innanzi al Tribunale civile o al penale: è la logica conseguenza dei principii premessi.

Importante bensì è l'obbiezione che riguarda il caso della dichiarazione del fallimento in pendenza dell'azione penale per bancarotta.

È questa per verità una ipotesi, più che rara, anormale; e se la si possa ammettere è addirittura una quistione, che discutesi tuttavia gagliardamente nella scuola (1) e nelle assemblee legislative (2).

A rigore la negativa è la sola tesi sostenibile di fronte alle leggi vigenti in Francia ed in Italia, e rimandando al Demangeat (3), al Delamarre e Lepoitvin (4), al Galluppi (5), al Vidari (6), al Buccellati (7) e altri sommi. Ma la contraria risoluzione è prevalsa nella giurisprudenza francese e italiana. E in onore alla filosofia del giure punitivo, per quello stesso principio d'indipendenza tra l'azione penale e le civili che qui si propugna, accetto questa teorica, e riconosco possibile e legittima una processura per bancarotta senza che sia ancora dichiarato il fallimento.

E quando questo accadrà, osserva argutamente il Marinuzzi riferendosi alla costituzione di parte civile, i lamentati inconvenienti non rinasceranno tutti ? (8) E se si volesse dire che si possa in tal caso liberamente costituirsi parte civile nel giudizio penale e restarvi pur concorrendo cogli altri creditori al giudizio civile, egli avrebbe ragione: ciò sarebbe ai principii contradditorio !

Potrebbe per contrario estendersi alla specie l'assoluto divieto all'intervenuto della parte privata (9), e l'obbjezione non avrebbe più vaglia: l'indennizzo si ripeterebbe a suo tempo nel giudizio per fallimento al foro commerciale, e in mancanza alla sede civile.

Ma nemmen questa è la giusta risoluzione.

Quando ancora il fallimento non è dichiarato, il bancarottiere tiene tuttavia i suoi beni, e ogni creditore sta per sè e per sè può contro quello agire, costituirsi parte civile e risarcirsi dei danni.

---

(1) Carrara, programma, parte speciale, vol. VII, § 3415 p. 81.
Vidari—La bancarotta secondo il progetto preliminare del Codice di commercio e il progetto del Codice penale (*Archivio Giuridico*, XIII, p. 3.
Buccellati.—Del reato di bancarotta (*Rivista penale*, VI, 272).
Contra Galluppi.—Istituzione di dritto comm. vol. II, n. 813 pag. 765, ecc. ecc.
(2) Vanno in contrari sensi il progetto preliminare della Commissione (art. 922) e il progetto ministeriale Mancini (art. 839) pel Cod. di comm. Ital.
(3) Traitè de droit commercial (par M. Bravart-Veyrières) annoté par M. Demangeat, t. VI, pag. 3 e seg.
(4) Traitè théorique et pratique ecc., t. VI, n. 42 e seg.
(5-6-7) ai luoghi citati.
(8) Op. cit. pag. 30.
(9) Casorati e Borsani questo caso non annoverano tra gli eccettuati dall'applicazione dell'art. 713 (op. cit. l. c. in fine.)

Se a giudizio finito si aprono le operazioni della fallita, egli avrà un titolo creatosi colla sua diligenza quando la legge gliel permetteva, che potrà per fermo far valere senza ledere il principio dell'eguaglianza trai creditori.

Se avviene in quella vece la dichiarazione del fallimento nel corso del processo penale,—quando il fallito è spogliato dei beni—quando il creditore, concorrendo colla massa avanti il tribunale di commercio e colla massa rappresentata dai sindaci, perde, quasi non dissi, la singola sua personalità—allora sì che è mancato il soggetto agente, è tolto l'oggetto su cui l'azione riversavasi, lo scopo è svanito e senza contraddire al giudizio civile più non può il magistrato criminale statuire sui danni. Sorge allora colla coesistenza dei due procedimenti l'applicazione dell'art. 713; allora per la necessità delle cose la costituzione di parte civile vien meno, e il creditore *ope legis et ipso jure* decade da quell'azione e di quella veste si spoglia.

Non può l'offeso liberamente rinunziare alla costituzione di parte civile pur riserbando ad altra sede la sua azione? (1) Or bene quello che può succedere per volontà di parte, nel caso nostro ha luogo per virtù di legge.

È per legge che, dietro la sentenza dichiarativa del fallimento, sospendonsi le azioni mobiliari ed immobiliari già intentate contro il fallito per proseguirsi contro i sindaci (2), però che i sindaci sottentrano nell'amministrazione dei beni al fallito. Ed è per legge che proclamata del giudice la cessazione dei pagamenti, cedono le azioni individuali promosse dai creditori per essere tutte concentrate nelle mani dei sindaci (3), però che ai singoli creditori sottentrano nella rappresentanza della massa i sindaci stessi.

E l'azione in risarcimento segue le stesse vicende.

Libero già il creditore di esercitare tutte le sue azioni, poteva liberamente agire per i danni, ed ha regolarmente iniziato il giudizio col costituirsi parte civile. Ma è sopravvenuta la dichiarazione del fallimento, il debitore è privato dei beni, il creditore è assorbito nella massa, e l'azione individua contro il fallito non ha più senso giuridico: mancato il soggetto e l'oggetto, essa naturalmente vien meno per riprodursi là dove è la persona del creditore, dove sono i beni del debitore, dove si svolgono tutti gl'interessi civili, dove tutte le individuali azioni dei creditori si concentrano in un giudizio universale (4).

Questa soluzione, se mal non m'appongo, salva le regole della procedura

---

(1) Art. 113 e 114 proc. pen.
Madia, op. cit., vol, I, § 182.
(2) Art. 552 Cod. comm.
(3) Riviere, Ripetizioni sul cod. di comm., pag. 579.
(4) Sì per negligenza al foro commerciale le azioni di danno non si svolgono, non perciò si è perduto il dritto: il creditore potrà poi a suo bell'agio (quando, chiuse le operazioni della fallita, avrà ripresa, per ripetere l'ardita frase, l'individua sua persona) adire per l'oggetto il tribunale civile: il dritto al risarcimento restagli impregiudicato.

penale, fa omaggio alle norme proprie del fallimento, ed è sopratutto coerente al supremo principio direttivo della materia, che a tutti i casi, per estraordinari ed anormali che siano, provvede.

Sempre uno, a mio credere, è il criterio che guidar deve il magistrato nell'ammettere, nell'escludere e nell'infirmare la costituzione di parte civile—la ragion d'assoluta connessione e inseparabilità tra l'azione di danno e le azioni civili del fallimento.

V'ha in atto ragion di connessione? la parte civile va respinta. Non vi è quell'ostacolo di legge? e va accolta. Sorge esso dietro l'ammissione? e la costituzione di parte civile caduca.

Il concetto della connessione, che sotto tutti i rapporti giustifica la disposizione dell'art. 713, ne segna al tempo stesso i confini e la retta applicazione ne governa.

VII.

Tra i due estremi tiene il posto di mezzo nella controversia in esame una elaborata sentenza della nostra Corte di appello, sezione correzionale, pubblicata a primo luglio 1880 in causa Capozzi, a tutto elogio della quale basti dire che estensore ne è stato l'illustre Presidente Comm. Cajazzo.

Il Cajazzo non accoglie per intero la parte civile nel giudizio di bancarotta, nè per intero l'esclude: l'accetta per una allogazione generica dei danni, per la liquidazione degli stessi la respinge (1).

Quali le ragioni? Due, l'una di principio e l'altra di analogia.

Quando il tribunale—ha detto in fondo la Corte—aggiudica genericamente i danni sopra generica domanda della parte civile senza liquidarli e senza accordare alcuna provvisionale, non ha conosciuto dell'azione civile: è l'argomento di merito. Un tal caso va assimilato alla condanna generica, a mente dell'articolo 569 proc. pen., a favore del danneggiato non costituito parte civile: l'analogia l'è questa.

Parmi non sia bene fondato il ragionamento di merito.

Tre ipotesi possono rientrare nel concetto della condanna generica: o si ammette l'esistenza dei danni e si accorda alla parte civile una provvisionale, o le si attribuiscono i danni riconoscendoli esistenti, senza nulla provvisoriamente concederle, o si proclama il solo dritto al risarcimento, la sola pertinenza dei danni.

Nella prima specie pare non dubiti la stessa Corte che si verrebbe a conoscere dell'azione civile.

Dal primo al secondo caso non vi ha differenza sostanziale: si chieda o no una provvisionale, la si conceda o la si neghi, è cosa affatto irrilevante quando si statuisca che i danni spettino ed esistano.

(1) Pare però che l'insigne magistrato propenda in tesi per l'assoluta ammissibilità della parte civile, e solo concedendo per ipotesi che la disposizione dell'articolo 713 s'applichi all'azione di danno, viene alla sopra esposta teorica.

Ma è l'altra ipotesi, la semplice dichiarazione del dritto al risarcimento. Or bene questa stessa sentenza dà un titolo che si impone al magistrato civile per la conseguente liquidazione.

Quando la parte lesa presenta, per ottenere un indennizzo la sola sentenza che condanna alla pena il delinquente, può dirsi nulla abbia fatto per la sua causa: il giudice civile non resta per verun modo vincolato. V'ha per fermo l'autorità del giudicato penale nella sede civile (1), in quanto che il giudizio penale fa prova autentica ed irretrattabile dei fatti materiali posti in contestazione (2); ma l'apprezzamento morale e giuridico del fatto stesso, la sua efficacia nociva, la sua attitudine operativa di danno véngono impregiudicati al giudizio civile. La decisione punitiva ha riconosciuto un reato che ha offeso l'interesse sociale, ma nulla ha statuito sugli interessi individuali; vi ha trovato un delitto penale, ma non ha dichiarato esser quello al tempo stesso un delitto civile, che obblighi al risarcimento (3). Quando invece porta l'aggiudicazione dei danni, è per questo capo una vera e propria sentenza civile e spiega tutti i suoi giuridici effetti. Il giudizio non va più integro al foro civile: il punto più essenziale è oramai risoluto: è stata assodata la responsabilità civile.

Bensì non si è conosciuto e resta impregiudicato il giudizio accessorio di liquidazione; ma l'articolo 713 non parla della sola azione per liquidazione di danni, sibbene dell'azione civile nella più ampia forma e nella maniera più assoluta: la parola della legge è recisa.

Ché se si guardi allo spirito dell'articolo, certa cosa appare che il principio della indipendenza e separazione del giudizio civile dal penale, che per la specie il legislatore ha voluto consacrare, sarebbe vitalmente compromesso, ove il giudice criminale potesse emettere un titolo che proclami un dritto essenzialmente civile, la pertinenza dei danni.

E richiamando le ragioni per cui l'articolo fu scritto, le veggo a sostegno della mia tesi concorrer tutte.

Anche per chiedere una condanna generica i sindaci sconfinerebbero dalla propria missione; e, appunto perchè generica e indefinita, tanto meno potrebbe questa azione sull'istanza de' sindaci aver senso giuridico. Nè il creditore potrebbe staccarsi dalla massa, assumere una rappresentanza individuale, nuocere alla eguaglianza tra i creditori e ledere gli interessi sociali per costituirsi singolarmente parte civile.

Per assodare il *delitto civile* e la conseguente spettanza dei danni, dovrebbe il giudice penale conoscere dell'esistenza del credito su cui fonda quel diritto, e con ciò violerebbe la competenza del foro commerciale.

---

(1) Questione dibattutissima in Francia, eliminata nella legislazione italiana. V. Casorati e Borsani, op. cit. vol. I § 146 e Madia, op. cit., vol. I § 80.
(2) Casorati e Borsani, ibid.
(3) V. Ricci, Dr. civ., VI n. 84.

E fuori delle operazioni del fallimento e della massa dei beni del fallito l'aggiudicazione generica, al pari che la sentenza liquidatrice, non potrebbe avere nè scopo nè oggetto.

Nè ha valore l'argomento che vuolsi cavare dall'articolo 569 procedura penale.

Certo tra la pronunzia generica sull'istanza della parte civile e quella d'ufficio da detto articolo imposta corre la differenza che è tra un vero e proprio giudizio civile e l'adempimento d'un eccezionale precetto di legge. Ma d'ufficio o dietro istanza, l'aggiudicazione dei danni partorisce sempre gli stessi effetti in ordine al giudizio civile, e in questo senso tra l'una e l'altra non è differenza. La pronunzia sui danni per quanto generica ufficiosa, senza istanza, anormale, è sempre una pronunzia civile, e nemmen essa può aver luogo nel giudizio penale di bancarotta: vi osta fermamente l'art. 713 cod. comm.

Generale è l'articolo 569 che riguarda l'aggiudicazione dei danni a favore della parte lesa, come generale è l'articolo 109 che le attribuisce il diritto di costituirsi parte civile; ma quando evvi una disposizione speciale che prescrive pei giudizi di bancarotta l'assoluto distacco d'ogni azione civile, non può il magistrato penale in quella minimamente ingerirsi: però è fuorclusa la via alla costituzione di parte civile, e sarebbe contraddittorio che intanto vi si potesse d'ufficio statuire.

Dunque l'articolo 569, al pari che l'articolo 109, è alla specie inapplicabile, sì che l'argomento della Corte difetta nella premessa, manca di base.

VIII.

Se rigorosamente giuridico non è il sistema anzi confutato, meno lo è quello che, escludendo ogni idea di risarcimento nel giudizio penale, ammette tuttavia la parte civile come compagna al P. M. per la sola prova del reato, vale a dire per l'azione penale.

O io m'inganno, o il concetto della parte civile non è bene inteso.

Comunque elementare, torna necessario un rapido cenno sui principii regolatori della materia.

Ogni reato dà luogo ad un'azione penale, e può dar luogo ad un'azione civile (art. 1 proc. pen.); ma le due azioni tra loro essenzialmente differenziano per lo scopo cui sono dirette, per le persone contro cui si rivolgono, per quelle cui ne spetta l'esercizio, per le modalità e condizioni dell'esercizio medesimo.

L'azione penale ha per oggetto di punire gli attentati all'ordine sociale, di riaffermare un diritto sociale negato, giusta la formola del Pessina (1),

(1) Elementi di Dritto penale, cap. I, pag. 30.

mentre l'azione civile mira ad un semplice risarcimento del danno recato (1).

L'azione penale si dirige alla sola persona del colpevole; la civile può esercitarsi e contro il delinquente e contro i responsabili civili e contro gli eredi (art. 3° proc. pen.).

L'azione penale, svolgendosi nell'interesse sociale, è essenzialmente pubblica e si esercita in nome della legge dagli uffiziali del Pubblico Ministero (articolo 2° proc. pen.)· L'azione civile, per sè stessa privata, appartiene al danneggiato od a chi lo rappresenta (art. 3° proc. pen. comma 1°).

Le due azioni sono tra loro affatto distinte, separate, indipendenti. Lo offeso, o chi per lui, può tacersi quando il P. M. agisce, agire quando ei tace, desistere e transigere a suo bell'agio quando inflessibile il P. M. procede (2).

L'assoluta indipendenza porta alla assoluta esclusività tra le due azioni.

Carattere fondamentale della istituzione del P. M. è l'esclusività delle sue funzioni nell'esercizio dell'azione penale. Potrà talvolta richiedersi per procedere l'istanza privata (3), ma è sempre il P. M. l'unico ufficio incaricato di esercitare l'azione penale. Non può il rappresentante della legge chiedere la riparazione del danno in nome della persona offesa dal delitto: non può assolutamente il privato cittadino elevarsi a pubblico accusatore.

Non basta.

Distinta la giurisdizione penale dalla civile, dovrebbe sempre l'azione in risarcimento recarsi alla conoscenza dei tribunali civili. È questo severo principio è consacrato nel codice di procedura criminale dei Paesi Bassi. Però il nostro legislatore, in vista dell'unità del fatto da cui originano le due azioni, e per economia di giudizi, ha declinato da tanto rigore ed ha permesso che secondo l'antico costume possa l'azione civile accessoriamente svolgersi nel giudizio penale. Ma ciò non toglie, anzi richiede che le due azioni e i rispettivi rappresentanti seguano difilati la loro via.—Il Pubblico Ministero assoda l'infrazione d'un dritto sociale e gli estremi costitutivi del reato e chiede la pena. Il cittadino privato chiarisce il fatto in quanto gli abbia recato danno, può offrire gli elementi per accertarnelo, ripete l'indennizzazione—Il Pubblico Ministero segue nelle sue proprie forme il procedimento accusatorio. Al cittadino privato, per quanto è possibile e in appello principalmente, s'impongono le forme del giudizio civile.

---

(1) Art. I, p. p.—Era preciso l'articolo 1° della proc. pen. napolitana:

« . . . . . Coll'azione penale si domanda la punizione del colpevole. Coll'azione civile si domanda la riparazione dei danni ed interessi che il reato ha prodotto. »

(2) Art. 8 proc. pen. e art. 1766 cod. civ.

(3) Art. 2 comma 3 pr. pen.

Colui che spiega l'azione civile nel foro penale prende il nome di parte civile. La parte civile — la parola stessa lo dice — si riferisce esclusivamente all'esercizio dell'azione civile.

« L'esercizio dell'azione civile davanti al giudice penale si chiama costituirsi parte civile. » Così in forma nitida il Giuriati (1). E in un arresto della nostra Cassazione si legge: « La costituzione di parte civile non è che l'esercizio di una azione civile (2). » E con esuberanza il Nocito: « è un giudizio civile limitato agli interessi civili (3).»

Niente importa che siasi o no data querela: a chi l'azione di risarcimento compete, compete in genere il dritto a costituirsi parte civile (articolo 109 p. p.). Scelta però la sede civile, più non può adirsi la penale: *electa una via, non datur recursus ad alteram* (art. 7 capov. proc. pen.). Transatti i danni, vien meno l'interesse, vien meno l'azione, vien meno la costituzione di parte civile. In somma la parte civile non sta senza l'azione civile, come l'azione civile in sede penale, se si eccettui l'anomalo disposto dell'articolo 569 proc. pen., non sta senza la parte civile non v'ha attore senza azione, nè azione senza attore.

Pertanto il sistema che nel giudizio di bancarotta ammette la parte civile al solo fine di provare il reato, non consuona ai principii.

IX.

Ed ora uno sguardo alle contrarie argomentazioni.

Si dice che l'articolo 112 procedura penale accorda all'offeso l'esperimento di due distinti diritti, quello cioè di domandare ed ottenere la liquidazione dei danni e quello di somministrare la prova del reato.

Leggo l'articolo nelle sue parole e nel suo ordine «... la parte civile somministrerà tutti i mezzi di prova atti a chiarire il fatto e ad accertare i danni.»

A mio credere un solo diritto le si accorda: provare il suo assunto, la causa e gli effetti, il fatto dannoso e i danni prodotti, quello stesso che spetta a chiunque spieghi un'azione di risarcimento a mente dell'articolo 1151 codice civile, quello stesso che avrebbe dovuto fare in sede civile (4).

Si dice che la parte civile è ausiliaria o sussidiaria al P. M. Ciò sta nel senso che, provando per fine diverso il fatto stesso, giova all'accusa; ma

---

(1) Comment. teorico-pratico al cod. di proc. crim. degli Stati Sardi, all'art. 4 pag. 7.

(2) Cass. Pal. 16 marzo 1865—(La Legge, 1865, pag. 958).

(3) La Corte d'assise—§ LXIV, n. 378.

(4) « Gli obblighi dell'attore in una causa ordinaria incombono naturalmente anche alla parte civile in un giudizio penale. Primo di questi obblighi è quello di provare il fondamento del proprio diritto. »—Giuriati, op. cit. all'art. 102 pag. 98.

l'ausilio della parte civile al P. M. allora può darsi quando entrambe le azioni si svolgano nello stesso giudizio. Dov'è l'ausilio del P. M. quando l'azione civile non si è spiegata, quando si è spiegata in sede civile, quando vi si è rinunziato, quando si è transatto? Ammetteremo in tutti questi casi la parte civile per farla da sussidiaria al P. M.? No: rinunziata, transatta, spiegata altrove, o altrove prescritto per legge che si spieghi l'azione civile, non v'ha più parte civile!

Si dice che il dritto di provare il reato non può interdirsi al creditor querelante per la ragione che in caso di assolutoria possono le spese del giudizio essere poste a di lui carico. Anzitutto, a rigor parlando, il querelante non prova il reato col costituirsi parte civile: lo ripeto, querelante e parte civile sono due qualità affatto diverse. Il querelante prova il reato colle sue dichiarazioni, somministrando, sempre che ne abbia, utili lumi alla giustizia inquirente. E nella specie non solo può il querelante addurre e documentare i fatti inservienti alla costatazione della bancarotta, ma ne è anzi fatto espresso obbligo ai sindaci (art. 714 cod. comm.). Però in teorica tra la possibile condanna alle spese e il diniego a costituirsi parte civile non è contraddizione.

Pur convengo che in fatto sia questo un grave sconcio. La condanna nelle spese è un errore legislativo, che oggi storicamente si spiega, razionalmente non si giustifica.

Per le leggi francesi antiche (1), presso noi in parte già seguite (2), il querelante era sempre soggetto alle spese del giudizio nel caso di liberazione del giudicabile, e anche nel caso di condanna se quegli era insolvibile. In ispecie il codice commerciale del 1807 poneva a carico del singolo creditore querelante o della massa le spese del procedimento per bancarotta semplice quand'anche sortisse una sentenza di condanna (articoli 589, 590): taceva in ordine alla bancarotta dolosa. Un primo passo fu fatto colla legge del 1838, per la quale nel solo caso d'assolutoria furono le spese addossate alla massa o ai creditori che avessero intentato la procedura per fallimento colposo o si fossero costituiti parte civile in giudizio di bancarotta fraudolenta. Il codice sardo segnò un più notevole progresso rendendo facoltativa la condanna alle spese, che in Francia era obbligatoria. I vigenti articoli 702 e 705 riprodussero inavvertentemente le disposizioni della legge subalpina. Però ripara il progetto pel nuovo codice di commercio. Sulle osservazioni del Comm. Alianelli fatte in seno alla Commissione e adottate dal relatore Mancini, il progetto ha tolto la stranezza di vedere in un reato d'azione pubblica condannato il querelante alle spese (3).

---

(1) Art. 157 decreto 18 giugno 1811.
(2) Decreto 17 maggio 1830 per le Due Sicilie.
(3) Atti della Commissione l. c.

Unisco al grido della riforma la mia debole voce: *excelsior—rebus dictantibus*! Io fo voti che presto il progetto sia legge! Intanto sono gli articoli 702 e 705 e devono rispettarsi, *dura lex sed lex*: ma è pure, e deve rispettarsi, l'articolo 713.

X.

Il concetto della Corte palermitana, che ammette la parte civile nel giudizio di bancarotta per la sola prova del reato, non ha precedenti (che io sappia) nella dottrina e nella giurisprudenza d'Italia; bensì frequente è in Francia, siccome in altro luogo fu visto.

E nelle leggi francesi—oso dirlo—questa teorica trova un addentellato.

Quando al 1807 fu promulgato il codice di commercio, era ancora in vigore il codice del 3 brumajo anno IV, il quale ammetteva i querelanti all'esercizio dell'azione pubblica.

Nè il codice d'istruzione criminale oggi imperante in Francia segna quella completa e assoluta distinzione tra le due azioni, che è nella legislazione italiana, sì che estranea all'azione penale non resta la parte civile (art. 63, 64, 135, 145, 182, 184, 335).

Così sul codice francese potè scrivere il Sulpicy: « v'ha tra la qualità
« di parte civile e quella di querelante questa differenza, che il quere-
« lante lascia al P. M. la cura del procedimento cui resta completamente
« estraneo e non incorre responsabilità, mentre la parte civile appartiene
« alla causa, agisce ed *accusa*, e in diffinitivo ne risponde (1).

« In materia correzionale—è l'Helie che parla (2)—la parte privata eser-
« cita in certo modo l'azione pubblica, o almeno la mette necessariamente
« in atto portando la causa al dibattimento colla sua citazione diretta (3).
« E può allora il giudice pronunziare una pena quand'anche il P. M. non
« l'abbia richiesta (4). »

In materia criminale questo dritto non compete all'offeso; ma pure la

---

(1) Op. cit. all'art. 63 cod. instr. crim. num. 46.
(2) Traité d'instruction criminelle—Tom. II, § 103 pag. 156 e seg.
(3) Art. 182 cod. instr. crim. « Il Tribunale conoscerà dei delitti di sua com-
« petenza sia pel rinvio che gliene sarà fatto giusta gli articoli 130 e 160, *sia per*
« *la citazione intimata direttamente all'imputato e alle persone civilmente responsa-*
« *bili del delitto della parte civile*, e a riguardo dei delitti forestali dal conservatore,
« ispettore o sotto-ispettore forestale, o dalle guardie generali, e in tutti i casi dal
« Procuratore del Re. »
(4) « Secondo la legislazione francese — diceva in Senato il Pisanelli — l'esercizio dell'azione pubblica è facoltativo. Io leggerò un brano di una sentenza della Corte di Cassazione · « Il legislatore non ha inteso astringere gli uffiziali del P. M. ad agire d'uffizio e senza l'intervento delle parti civili sopra tutte le querele ec. »
(Discorso pronunziato nelle tornate del 17 e 18 febbraro 1864, pag. 36.)

parte civile concorre addirittura all'esercizio dell'azione penale. Essa partecipa all'istruzione, può perfino opporsi all'ordinata escarcerazione del prevenuto, e il prevenuto, finchè spiri il termine a tale opposizione prefisso, sta in carcere (1). Ed essa partecipa al dibattimento: e qui il testo del codice francese non fa distinzione tra la parola del P. M. e quella della parte privata: l'una e l'altra sostengono l'accusa (2).

Coerentemente la legge del 1838 ammette i sindaci ed i creditori, non solo a provocare, ma ad intentare e proseguire direttamente, al pari del P. M. la procedura di bancarotta semplice (3). — La bancarotta semplice, ai termini dell'art. 584, va indistintamente giudicata *sur la* POURSUITE *des syndics, de tout creanciér, ou du ministére public*. E la parola *poursuite* —spiega il Bravard-Veyrieres—è una espressione latissima che comprende anche la citazione diretta (4).

Però nella legge del 1838 è spiegabile la separazione dell'azione civile (art. 601) e l'ammissione della parte civile *pour la poursuite* (art 584).

Ma alla legislazione d'Italia è un simile sistema assolutamente inapplicabile.

XI.

Resta a studiare un ultimo punto: gli effetti dello indebito intervento della parte civile.

Non è dubbio che siano nulli il procedimento e la sentenza per quel che concerne gli interessi civili: è questa la conseguenza logica e necessaria di quanto anzi si è detto. Ma puossi nella specie scindere il giudizio civile dal penale, considerando la parte civile come se mai vi fosse stata ?

È vitale il quesito: la risoluzione ne è facile.

---

(1) Art. 135 cod. instr. crimin. « Allorquando la escarcerazione degli imputati « sarà ordinata conformemente agli articoli 128, 129 e 131, il Procuratore del Re « *o la parte civile potrà opporsi*.

« L'opposizione dovrà esser fatta nel termine di ventiquattro ore, che decorrerà « contro il Procuratore del Re a contare dal giorno della ordinanza d'escarcerazione, « e contro la parte civile dal giorno della notifica fattale della detta ordinanza nel « domicilio da essa eletto nel luogo in cui siede il Tribunale.

« L'imputato starà in carcere fino allo spirare del termine sudetto.

(2) Art. 335 cod. instr. crim. « In seguito alle deposizioni de' testimoni e alle « relative dispute, *la parte civile o il suo avvocato e il Procuratore del Re saranno « intesi e svilupperanno i mezzi, che sostengono l'accusa*.

« L'accusato e il suo avvocato potranno rispondere. La replica sarà permessa alla « parte civile e al Procuratore Generale; ma l'accusato e il suo avvocato avranno « sempre gli ultimi la parola.

« Il Presidente dichiarerà dappoi che il dibattimento è chiuso. »

(3) Corte d'app. di Milano—sentenza citata.

(4) Op. cit. l. c.

Si può in tesi astratta separare colla mente il giudizio penale dal civile, e va in effetti distinta nella sentenza la parte criminale da ciò che attiene ai danni; ma in sostanza il dibattimento è uno ed individuo, quindi inscindibile.

La parte civile non è senza influenza nel giudizio penale. In realtà, sebbene intervenga per i soli danni, è dessa in fondo un accusatore: prova il reato, convince il reo, e poichè possono variare i danni secondo la gravità del delitto, può confutare e quindi escludere le stesse scusanti che il giudicabile opponga. Sicchè in sostanza l'idea che la parte civile discuta i fatti solo in ordine al pregiudizio sofferto, non già alla punibilità dello imputato, fondatissima in tesi astratta, concretamente svanisce: è un'idea che non si realizza (1). E l'esperienza dimostra ch'essa va al giudizio per far l'accusa e l'assorbe.

« Sotto il velame dell'azione di indennizzo la parte civile, che ha prima
« la parola, usurpa veramente le attribuzioni del P. M., il quale sorgendo
« per il secondo viene così a mietere un campo già sfruttato sino alla ra-
« dice dall'oratore che lo precedette, e da parte principale, come lo figura
« la legge, diventa in realtà parte aggiunta ed accessoria (2). »

Quindi è l'importante problema negli odierni studi legislativi sulla istituzione di una vera e propria accusa privata sussidiaria al P. M. con le giuste cautele per evitare il ritorno agli eccessi della privata vendetta; istituzione già in vigore in molte recenti e progressive legislazioni, e in Italia propugnata dal Carrara (3), dal Cesarini (4), dal Nocito (5), dal Casorati (6), dal Borsani (7).

Quindi è che la parte civile spiega per fermo i suoi effetti nel giudizio penale.

Quindi sostengo senza tema di contraddirmi che il suo indebito intervento produca la nullità del dibattimento.

---

(1) « I limiti e le restrinzioni non servono che a discreditare la legge quando
« sono illusorii, e tale nella pratica riesce il limitare la parte civile al puro inte-
« resse civile.

« Volere o non volere, discorrendo del fatto e del danno si entra nel campo del
« dolo e dell'intenzione. Tutti comprendono che il recondito fine della parte civile
« nei giudizi penali non è il mero interesse pecuniario, ma il fine stesso del P. M.
« col desiderio di vendetta per giunta. »
Nocito, op. cit., § LXIV n. 379.

(2) Casorati e Borsani, op. cit., vol. IV, § 1463.

(3) L'azione penale (Lucchini, rivista penale, vol. III, pag. 9).

(4) Le riforme giudiziarie in Italia.

(5) Op. cit. § LXIV.

(6) Il processo penale e le riforme (*Monitore dei Tribunali* di Milano del 1878 e 1879).

(7) Casorati e Borsani, op. cit., vol. IV, l. c.

Senza tema di contraddirmi, io dissi; però che l'inammissibilità della parte civile e la nullità del giudizio penale vanno contemplate sotto punti di veduta affatto diversi.

Va posta la inammissibilità guardando la parte civile nella sua essenza giuridica ed ultimo objetto in contrapposto alle operazioni del fallimento. Cambio ora il terreno, e mi raffiguro la parte civile in azione, che prova, discute, combatte di fronte all'imputato: non cerco più il suo concetto finale, tengo dietro all'influenza ch'essa può esercitare cogli atti e colla parola sull'animo del giudicante; e sì che nella sentenza di condanna veggo impressa anche l'opera sua.

Il convincimento del magistrato si è formato sulle prove apprestate, e di queste se il P. M. ne ha fornite alcune, altre ne ha prodotte la parte civile. L'imputato si è trovato di fronte un avversario che intende a stabilire la colpevolezza di lui, come base alle proprie domande: non vi doveva essere quell'avversario—illegalmente vi fu ammesso—potè influire sul giudizio—il giudizio non può restarne illeso.

Altri ha creduto che sia questa una semplice irregolarità.

« Non può pronunziarsi dal giudice — ripetesi cogli art. 56 pr. civ. e
« 849 pr. pen. — la nullità di alcun atto di procedimento, se la nullità
« non sia espressamente dichiarata dalla legge, o se la forma inosservata
« non sia essenziale a costituire l'atto giuridicamente considerato (1).

Però è ovvio rispondere che non si tratta d'inosservanza di forme: si tratta di questione sostanziale, di un diritto dell'imputato che è stato infranto—si tratta di scuotere dalle fondamenta la sentenza: gli articoli 56 e 849 non ci entrano.

Nemmeno per la indebita costituzione di parte civile in appello sta formalmente scritta e fulminata la nullità del giudizio; ma nessuno al certo vorrà applicare gli articoli 56 proc. civ. e 849 proc. pen. e dire che il giudizio non sia nullo (2).

Ma è un'ultima subordinata teorica della ripetuta nostra Corte d'appello (3), cioè che la nullità in discorso sia relativa, non assoluta, sanabile quindi col silenzio delle parti.

Qui il Cajazzo trovasi di fronte la nostra Corte Suprema (4).

Per verità—se lecito mi è spingere tant'oltre la parola—non reputo l'arresto della Cassazione in questa parte soddisfacente. Quando l'alto Collegio

---

(1) Corte d'app. di Palermo—Sentenza Capozzi.
(2) Dottrina e giurisprudenza costanti.
   Vedi *Circ. Giur.*, XI, dec. pen. pag. 48 e la nota
(3) Sentenza Capozzi suddetta.
(4) Sentenza Calafato sopra citata.

ha detto che si tratta dell'inosservanza d'una legge proibitiva, ha detto nulla, e il Comm. Cajazzo la vince: non ogni legge proibitiva è d'ordine pubblico, non ogni analoga violazione importa la nullità assoluta dell'intero procedimento. E quando senza neppure una parola di dimostrazione ha detto trattarsi d'una legge d'ordine pubblico, la Cassazione non ha sciolto il nodo, l'ha troncato d'un colpo solo.

Non è legge d'ordine pubblico, si oppone: l'interesse sociale non è compromesso. La legge non diniega l'intervento della parte civile per l'influenza che possa esercitare sulla punizione del colpevole. In questo senso non si saprebbe comprendere differenza tra il giudizio per bancarotta e il giudizio per qualunque altro reato. Il divieto sta soltanto per l'incompatibilità d'una aggiudicazione di danni estranea alla procedura di fallimento, la quale contraddirebbe al giudizio di distribuzione che si svolge presso il Tribunale di commercio; e basta all'uopo che si ponga la nullità della sentenza per la parte correlativa. Che poi la condanna penale sia per avventura posata sulle prove addotte dalla parte civile, all'ordine sociale non nuoce, perciocchè non si può mai dire che su quelle prove il magistrato siasi erroneamente convinto: esse dovettero concorrere al trionfo della verità e della giustizia, e la verità e la giustizia son tutto e solo l'interesse sociale. Importa sì al giudicabile che la parte civile non stia ad avversarlo, ed egli ha dritto d'opporsi: se contro sua opposizione la parte civile è ammessa, il giudizio è nullo — se per espresso o tacito suo volere vi è accolta, la nullità è sanata.

Questo ragionamento illude, ma rigoroso non parmi.

Ogni legge che riflette le garenzie dei giudizi penali è legge d'ordine pubblico, e sempre che trattisi della sorte del giudicabile, è quistione di interesse sociale.

La legge non ammette per alcun reato un'accusa privata; e la parte civile che legalmente non stia nel giudizio per ripetere i danni, è un indebito accusatore. Illegittimo il suo intervento, tutta l'opera sua è contro legge, e tutta deve mettersi al nulla. Ma fin dove quest'indebita influenza si è spinta? fin dove sono valsi gli atti suoi? fin dove è penetrata la voce dei testimoni? e fin dove la parola dell'oratore? — Confine di sorta non può segnarsi: il dibattimento è uno, individuo, inscindibile: quegli atti non potevano essere letti, quei testimoni non potevano essere sentiti, non poteva quell'oratore contro l'imputato profferir verbo: col dibattimento vien meno il giudizio intero.

Or tutto vorrebbesi mettere in non cale e tenere il giudizio per rato e fermo sol perchè tacque l'imputato e una condanna in qualunque modo al giudice strappossi.

Ma una condanna illegale è una ingiustizia sociale, innanzi la quale non può certo la società chiamarsi soddisfatta. Non può la vita, non può la libertà del cittadino restare immolata all'ignoranza e all'errore della sua stessa difesa; nè l'improvvida e momentanea sua acquiescenza può sanare un' ingiustizia, che in nome della società si è compiuta: *de re publica non licet pacisci*.

Una parte civile, che abbia diritto a stare in giudizio e soltanto non sia per avventura rappresentata da un procuratore in quella sede esercente, è senza dubbio tal cosa assai meno rilevante d'una parte civile che siavi ammessa contro l'espressa proibizione di legge.

Eppure per la semplice illegittima rappresentanza una sana dottrina (1) e una prevalente giurisprudenza (2) hanno proclamato la nullità assoluta del giudizio. Ecco le magistrali parole della Corte Suprema di Firenze:
« La costituzione della parte civile fu nulla assolutamente per difetto di
« personalità giuridica in chi la rappresentò, e riuscì lesiva delle garenzie
» dello accusato, che si trovò di fronte d'un contraddittore illegittimo
« ausiliare della pubblica accusa; d'onde il vizio radicale e insanabile, ad
« onta del silenzio serbato dalla difesa stessa, si estese a tutto il giudizio
« di sua natura individuo (3). »

E se talvolta dell'illegale rappresentanza si è fatta una semplice quistione d'irritualità sanabile col silenzio (4), quistione di rito non può farsi giammai quando è per sè stessa la costituzione di parte civile che la legge assolutamente divieta!

Riepilogo brevemente la somma delle cose.

Nei procedimenti per bancarotta l'azione di risarcimento contro il fallito resta separata dal giudizio penale.

Lo dice netto l'articolo 713 cod. comm., e per la generalità della locuzione, e per l'ordine delle parole, e perchè escludendo espressamente la azione di danno contro i terzi interessati nella bancarotta, ha implicitamente incluso nella sua disposizione quella contro il fallito.

Lo dice la storia di questa parte di legislazione. Col codice commerciale francese del 1807 si vollero completamente separare gl'interessi civili dei

---

(1) Saluto—Vol. III, n. 898 in fine.
(2) Cassaz. Firenze 4 agosto, 8 agosto e 27 dicembre 1876—22 dicembre 1877 (Giurispr. ital., 1877, 1, 60 e la nota)—30 dicembre 1877 (Giorn. dei Tribunali di Milano, 1877, pag. 175.
Cass. Torino 9 aprile 1874 (Giurispr. ital. 1874, 1, 27). 21 dicembre 1875 (Annali X, 1, 6).
Cass. Palermo (per arg.) 11 febbraro 1878 (Circ. giur. 1378, dec. pen. pag. 33.
(3) Sentenza citata 30 dicembre 1877.
(4) Cass. franc. 5 marzo 1830—Journ. du droit crim. t. II. pag. 211.
Cass. Napoli 11 dicembre 1868 (Annali, 11, 1, 282). 10 marzo e 19 maggio 1879 (La Legge, 1879, pag. 566 e 676).
Cass. Palermo, 11 novembre 1872 (Circ. giur., IV, 16).

creditori, compresi i danni, dagli interessi sociali per la punizione del colpevole: la legge del 1838 ammise per i soli uffici penali la parte civile, ma il legislatore sardo corresse l'errore, e il nostro gli tenne dietro: la costituzione di parte civile restò eliminata.

Lo dice lo studio comparativo dell'articolo 713, che collocato a proprio sito, messo di fronte all'art. 708 del codice stesso e contrapposto allo articolo 4 proc. pen., mostrasi apertamente quale una delle eccezioni al dritto di esercitare in sede penale l'azione civile.

Lo dice la filosofia della legge, perocchè l'azione di danno contro il fallito va essenzialmente connessa alle operazioni civili del fallimento, fuori delle quali non troverebbe nè soggetto, nè fondamento, nè scopo, nè oggetto.

Ma l'eccezione di legge si limita all'azione civile contro il fallito bancarottiere e nei soli casi di conflitto tra il giudice penale e il commerciale: contro i terzi, contro gli stessi amministratori d'una società anonima fallita la parte civile si ammette, e la si ammette contro lo stesso fallito, quando per deficienza d'attivo o per definita liquidazione giudizio più non penda avanti il tribunale di commercio.

Tutte volte però che l'articolo 713 trova applicazione, ogni adito alla parte privata è fuorcluso, e non può essere accolta nemmeno per chiedere genericamente l'aggiudicazione dei danni, nè tampoco per farla da accusatore.

E se contro legge ha dessa preso parte al giudizio, il giudizio è nullo.

Printed by Libri Plureos GmbH in Hamburg, Germany